希望

LINE占い占術師
飛鳥

白誠書房

写真撮影

飛鳥、Nozography

明るい太陽よりも
蒼い明け方の空
これがやけに悔しくてたまらない匂い
朝4時

脳内再生
一日の扉が開く　貴方の一日
毎日が違っていいんじゃない？
同じ日々を楽しむ？

道端に昨日の雨
水たまりに今の自分を映して
どんな顔してるの
どんな色してるの

振り返ればあの時の自分
怖かった
ニューヨークでの野宿
私は画家としての顔を持ち
ニューヨークへ渡った

U MD
Walk In
URGENT CARE
Right at The Corner !
T. 718.472.5900
Your Health, Our Priority
LIC@umdcare.com
www.umdcare.com
50th Ave.
Vernon Boulevard-
Jackson Avenue Station
To Main St-Flushing
7
Enter with or buy
MetroCards at all times or
see agent across
Vernon Blvd

街角で
占い師になり
英語でのコミュニケーション
何人と出逢っただろうか

300円のスタバが買えない
99セントの水
生きるか死ぬか
選択肢はなかった

彷徨う人生時間
いくつもの道分かれがあり
さて
どちらに進もうか
それとも戻ろうか

前に進む貴方を
私は言葉で言う　背中を押すよ
カッコ悪い
もっと違う言葉があれば
きっと　一緒に歩こうよ

あの人が教えてくれた
一緒に頑張ろう
その一言で暗闇に光が刺す

そしてまたあたらしい物語が始まる

いくつもの
電車を乗り降り
時には知らない場所へ到着
過去に戻る

過去は美化
その枝を土に植えて
華を咲かせる
そして何度でもやり直す
新しい貴方にね

気持ちの良い言葉が
占師飛鳥の鑑定だとしたら
何度でも
いつでもどこでも

人間は十人十色
全く同じ人はいない
何故　比較をする？
何故　嫉妬をする？
意見が違う
そりゃ当然よ
育った環境違うんだから

貴方は言った
翼が折れてる

眼には見えない世界が存在する
第何次元なるだろう
幽霊だって魂で活きてる

そして貴方にも
その丸まった背中に
大きな羽があることを

今夜もまた彷徨う
あの人と結ばれるか

あの人

いつでも使える言葉かもしれない
いつになっても
年齢は関係ない
新しいなにかを発見できる
扉は突然のように開く

過去の貴方は
何色をしてたのだろう
ひとりはいう
真っ黒だったと

24色のくれよんがあったら
全てを混ぜればいい
真っ黒になる

真っ黒がどれだけ美しいことか
貴方は知ってる

水やりをしてた向日葵が
顔を出してきた
沢山の栄養をとって
小さなひ弱な向日葵こそ
助けたくなる

血縁ある　いわゆる家族
選ばれて貴方は産まれてきた
貴方の母親の子宮から
愛はそこから始まっている

ひっそりと
海辺に金魚がいた
真っ赤な背中を上にして
何かを言いたげに
命の尊さを教えてくれた

時計の針は先に進むばかり
怒りに負けて
左側へと針を曲げる

貴方はだれ？
何故そこにいるの？

元気の源
そんなものはない
あるのは
光刺す希望

茶柱が朝を迎える
私の実家は人気ある
昔からの日本茶販売店
父親がこだわりある緑茶を
笑顔と共に
幼少から父親の緑茶に包まれ

母親の手料理のお弁当
いつでも何処でも
絶品な味わいに
当たり前だと思わないように
愛のギフトを

気づけば愛は
あらゆる所に

夕焼けが差し込む
電車の音は鎮まり
夜が始まる
貴方は言う
ゆっくり休んでね

胸が痛むその瞬間
貴方はいなかった
永遠の別れなのか
またいつか
強く強く少し弱い貴方

QUEEN of WANDS.
QUEEN of SWORDS.
ACE of WANDS.

ＬＩＮＥ占い飛鳥
私の肩書き名札
何万人の相談を受けただろう
十人十色
激しい色彩がそこにある
そして
輝き始める

LINE占いに所属した理由
電話相談が多い世の中
耳の聞こえない方にも
希望を与えたいと思った
文字が踊る

様々な話がＬＩＮＥ上で
繰り広げられる
ひとつひとつの文字で
貴方は自己表現をする

悩み苦しみ切なさ
自分で理解してる
既に
素晴らしいことなのに

空から雪が舞い落ちる
暑かったあの時
四季が教えてくれる
時間の流れを

時計は要らないと
貴方は言った

支離滅裂な言葉
色彩豊かな支離滅裂

貴方のそばに
匂いが込み上げて
想い出す
いくつもの物語

格好いいもの
憧れる世界
理想と現実
狭間に生きる

幸せ
誰もが相違する基準で

震える手で
生き抜こうとする貴方
直ぐそこに
翼はあった

何者なのかを知る為に
必死で泳ぐ
そしたら涙が出た

流木に
強い物語があって
部屋に飾る

貴方が言う
頑張るよ

大切だと想う貴方を
明日も明後日も
永遠に

希望を与える
希望が芽生える
希望の矢が貴方に

本物の恋ってなに
何処で貴方に出会う？

恋のマシンガン
音響く
強く強くとても繊細に

一歩進んで
それが出来ない

眩しい季節がやってくる
冬なのに暑い
夏なのに寒い
貴方がここにいない

作品のコンセプトを
希望を与える
何万人にも

絵画を始めて
何年経つだろう
両手だけでは足りないよ
何かを探し求めて
ずっと歩いてきた
走ってもいたよね

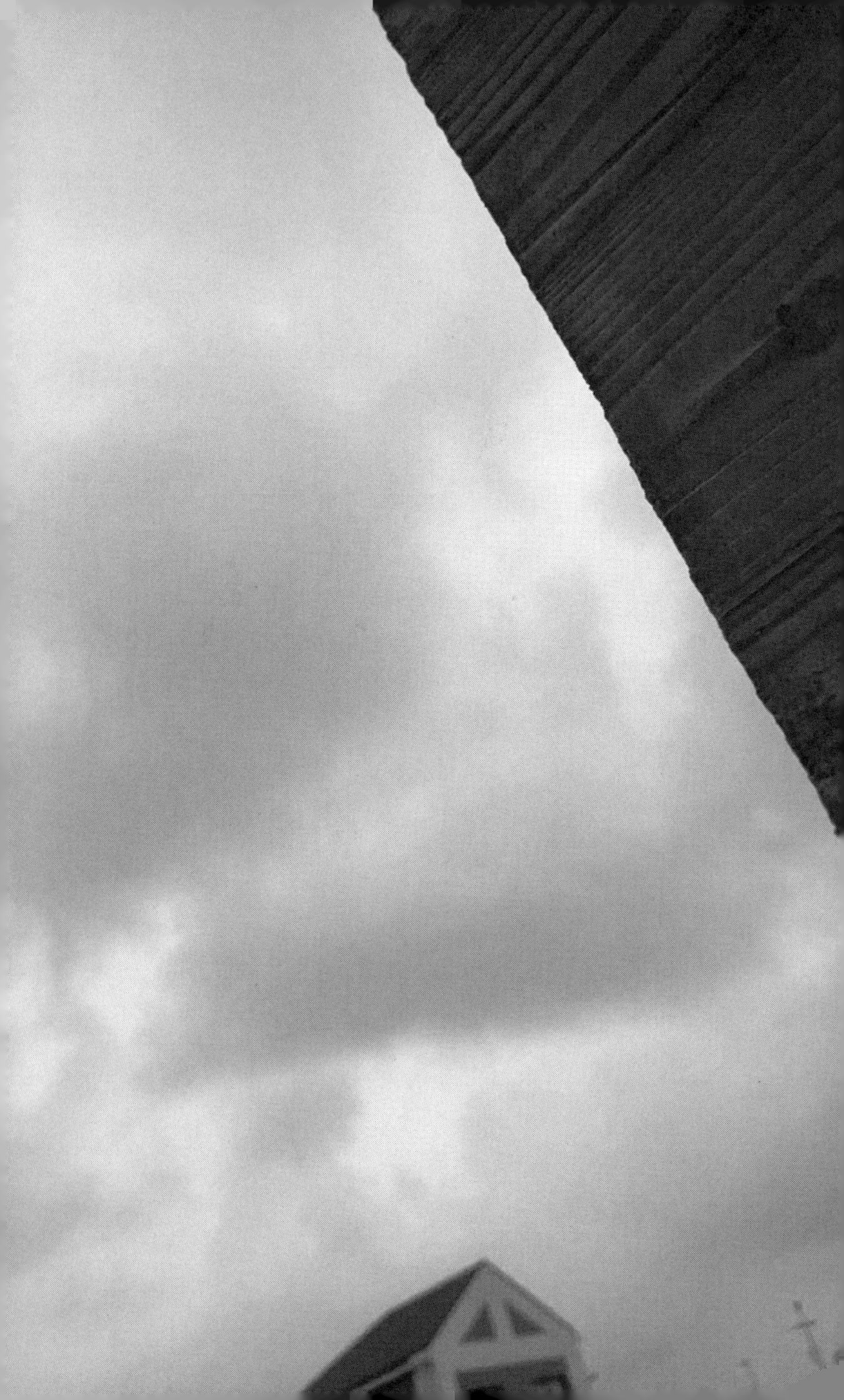

貴方の夢は何？
夢を目標にして

這い上がる力が
そこに込み上げる
エネルギーと呼ぶだろう
パワーと呼ぶだろう

一瞬にして崩れるガラス
貴方は眩しかった
輝いてたはずなのに

ポジティブとネガティブ
表と裏
赤と黒

あらゆる目標に
貴方は向かって
でも
本当の目標は何？

生きるを活きると描く

文字が貴方を守る
支えてゆく
励みになる
多数の文字
これがＬＩＮＥ占い
言葉以上のものになる

活性化してゆく
貴方の心に
翼を広げて
飛び込むから

迎えにいくから
この言葉を待つ

手のひらが大きく感じる
手を繋ぐだけでいいのに
それだけでいいのに

森の中に
小さなカフェがあった
横には
水色の自転車
そうだ
ショートケーキを食べよう

貴方の肩書きは何？
何と呼べばいいの？

3F

ベルギーに住んでた頃
壁画の仕事をした
朝昼晩もない
食事もなかった
水だけの生活
苦しみの中でもがいた作品

異国の地
地球の生命体を感じる

幸せ
この言葉が存在しない国もある
幸せには基準がない
誰にも決められない
ルールなんてない

光の魂が
貴方の横に舞い降りる
出逢えた瞬間を
大切な貴方に

物事には偶然はない
全てが必然
宿命とも言う
決められてきたもの
決められてきたこと

食パンを焼いて
朝からの仕事が始まる
早朝5時

貴方は何を考えてる？
貴方は何を求めてる？

助けてください
一日に何回も聞く
自分の役割が
ここにあることを

KNIGHT of WANDS.

ＬＩＮＥ占い占術師飛鳥
飛び乗る気持ちで

傷口を
丁寧に整えてゆく
貴方の味方

あの人は
何者だろう

必ず過去がある
そして
必ず未来がある
時計が周り
焦ることなく

与えられた時間
何故焦る？

目的に向かって
進むだけ
でも目的がない
目的は作るもの
目標とも言える

夢と理想と現実
矛盾ばかり

貴方は言った
そばにいるから

切なさがこみあげる
涙がこぼれ
水晶のように輝く

誓う
希望を与えると

貴方の背中には
翼があると言った
折れてる翼を
また広げる

不可能は可能にできる
奇跡は起こる

無数の粒
それは涙だった
今夜だけ泣かせてください

毎日が
多種多様の色彩で
彩る私のキャンバス

アートに触れて世界観を持つ

貴方の世界観は？
それをオーラと呼ぶ
何色をしているか
貴方が作り出すの

昨日という日は
二度とやって来ない
過去には戻れない

後悔しないために
一日を丁寧に

悩みがある
悩みがない
悩みは作るもの
無意識にね

そして
やってきたのは
不安だった

カフェラテを
海辺で味わう

船が迎えにきた時
貴方は逃げた
怖かったからね
冒険
見えない未来

愚痴を言う
大切なこと
吐き出せばいい
何度でも
何度でも

悔しかった
貴方がいなくなって
悲しくなった

そしてまた
朝日が昇る

絵本を手にして
物語を
貴方が作る
人生の物語

年齢は関係ない
性別も関係ない
幸せと感じる共感

笑顔が
消える瞬間
貴方はそこにいた
切ない

心の扉
美しい森の中へ

素晴らしい景色が
貴方を迎える
そこに希望があった

人と人
問題ばかり
育った環境が違うから

問題は問題ではない
当たり前だと思えば

苦しさを飲み込む貴方
だから私は横に立つ

背中を押される
その瞬間を
何年も待つ

私のオンラインサロン
ひとつの部屋
希望へと導く

貴方はどこにいる？
地球にいる
同じ空の元に

朝日が夕焼けに
夕焼けが朝日に
国をまたぐ

出逢いは必然
偶然などない

物事には意味がある
貴方が成長すべき瞬間に

頑張る
その言葉に敏感に
心が痛む
頑張れない時もあるから

一生懸命に
山を登った
でもまだゴールは違う場所

貴方の声
音楽のように
耳へと流れてくる

忘れたくないもの
忘れたいもの

想い出は沢山ある
ひとつひとつ
話してたら
日が暮れてしまうよ
だって
沢山のことがあったから

きっとこれからも
まだまだこれからも

貴方と手を繋いで
LINE占い飛鳥は
存在してる
大きく心を開いて吐き出して

誰にも話せないことはある
大切なことだから

音楽を聴く
さて今日は何にする？
一日がスタートする

貴方はそばにいない
あの時あの決断
何かの意味があることを

素晴らしい日々を送りたい
それだけに
心の運動
アップダウンを繰り返して
心のスポーツ
とても素敵なこと

明日が明後日になり
そして来月から来年に

前に進む
それが出来ない
怖いから

考える
とてもとてもね
貴方を愛してるから

雷が鳴っている
怒ってるのか
それとも
何かの祝福なのか

ロンドンでの生活
屋根裏部屋に
住んでいた
真夏には冷房もなく
ひたすら水を飲む

出逢ってきた人は何人？
数えきれない
すれ違った人が貴方だった
奇跡

貴方は離れていかないと約束した
約束は永遠なのか

馬車に乗って
森の中を
また暗闇に突入する

何度も繰り返す人生
貴方が変わる瞬間

言葉ひとつで
だから
言葉をチョイス
そこにスパイシーは要らない

この世とあの世
身体がないだけ
魂は生き延びる

素敵な空
きっと貴方はまだ寝てる
真っ暗な空しか
見ていないよね

言葉の力で
貴方を必死に支える
だから
次は手を繋いで
少しずつでいいから前に進む

一度は憎んだ
でも時間が教えてくれた
間違いだったことを

何度も這い上がる
負けず嫌いだと
言い聞かせて
そこには愛があった

貴方のそばにいることを誓う
それは永遠に
本当の愛
愛はどこにでも
小さな愛も大きな愛

時間が無駄と言ったら
それは間違い？
無駄なことは何もない
だって全てに意味があるから

ある時は修道院での
生活をした私
オランダの道端で
助けてくれた人
会いたい

何度も叫ぶ
奇跡は起こると
いや
奇跡は起こすと

私の魂は無限
宇宙へ飛び立つ
宇宙からの
エネルギーがある限り

私は希望を与える
なにの希望か
生死の希望
魂の希望
命の希望

貴方へ
沢山の言葉をチョイスして
貴方らしさを引き出す

貴方は弱くはない

強く強く逞しく

ネガティブがあるなら
ポジティブがある
どんな時でも
アップダウンは
やってくるものだから
気にすることはないよ

色々な色彩があり
そこにぶつける私の魂
受け取って欲しい
だから
いつまでもそばにいる

LINE占い飛鳥

いつも貴方のそばに

プロフィール

美術家占術師

飛鳥

鑑定歴22年
鑑定顧客述べ30,000人以上（2023年）

幼少期から霊感霊視に強く
見えない物を作品にしてゆくアートを同時にスタートする。
英国ロンドンでの生活を中心に、占術、アート、ファッションを独自で学ぶ。
街角に立ち占師として看板を持つ。
ニューヨークに移り野宿生活を経験。
常に生きる横には占術師としての顔があった。
経営者、著名人、芸能人鑑定を行う。
メディアには、フジテレビ「あなたのコネのおかげです！」で紹介される。
また、アート分野においても、BSフジ「ブレイク前夜」にて芸術家として紹介され、
山梨 YBS ワイドニュースにて特集される。
占術師としての顔を持ち様々な方へ希望を与える、アートのコンセプトは希望。
ニューヨークでの個展をも開催。
様々な受賞歴を持つ。

LINE 占い飛鳥
YouTube、Twitter などで配信。

LINE占い紹介

飛鳥先生のお言葉には不思議な力が宿ります。
これまで鑑定されたお客様は述べ
30,000人となり、立場や状況の複雑な恋愛相談はもちろんのこと、
仕事や健康など相談内容は多岐に渡っております。
カードリーディングとヒーリングを同時に行う独自の占術で、悩みの根本から一気に解決へと導いてくださる鑑定は、
LINE 占いのお客様はもちろん、著名人、
起業家からも高い支持を受けております。

主な占術
西洋占星術、東洋占星術、風水、人相、
数秘術、霊視霊感、オーラ、ヒーリング
など

希望 LINE占い 飛鳥

2023年8月20日　第1版第1刷発行

著　者　飛鳥

発　行　株式会社白誠書房
〒135-0016　東京都江東区東陽2-4-39
TEL 03-5665-6364　FAX 03-5665-6365
発　売　株式会社星雲社（共同出版社・流通責任出版社）
〒112-0005　東京都文京区水道1-3-30
TEL 03-3868-3275　FAX 03-3868-6588

印刷・製本　モリモト印刷株式会社

ISBN978-4-434-32698-1 C0036
※定価は表紙に表示してあります